AF349495

CATALOGUE

DES LIVRES DE MUSIQUE
de feu Monsieur Seguin *, Président en la Chambre des Comptes.*

Armoire du milieu.

CEtte Armoire contient tous les Opera de Lully, & tous ceux qui ont été faits depuis lui par différens Auteurs, dits Modernes, excepté seulement trois qui sont les Romans, les Génies & les Fêtes diverses. Celui-ci n'a été imprimé ni gravé, & n'a eu qu'environ trois Représentations, après lesquelles il est tombé.

Tous les Opera de cette Armoire sont reliés en Maroquin rouge, & dorés sur tranche, excepté le divertissement de Livry, celui d'Anette, & les Bergers de Marly pastorales, qui sont reliés en veau.

Il faut remarquer que tous les Opera en manuscrit de cette Armoire sont rares, à cause qu'ils n'ont jamais été imprimés, ni gravés, & que très-peu de personnes peuvent les avoir eu.

Les Fêtes de l'Amour & de Bacchus,	*in-folio*,	imprimé.
Cadmus,	*in-folio*,	imprimé.
Alceste gravé, & jamais imprimé,	*in-folio*,	gravé.
Thésée,	*in-folio*,	imprimé.
Atys,	*in-folio*,	imprimé.
Isis,	*in-folio*,	imprimé.
Le Carnaval Mascarade. } Psyché, }	en un volume *in-folio*	imprimé.
Bellerophon,	*in-folio*,	imprimé,
Proserpine,	*in-folio*,	imprimé.
Le Triomphe de l'Amour,	*in-folio*,	imprimé.
Persée,	*in-folio*,	imprimé.
Phaëton,	*in-folio*,	imprimé.
Amadis,	*in-folio*,	imprimé.
Roland,	*in-folio*,	imprimé.

Le Temple de la Paix ,
L'Idylle de Seaux , } en un volume *in folio* , imprimé.
La Grotte de Versailles ,
Armide ,   *in-folio* , imprimé.
Acis & Galatée ,   *in-folio* , imprimé.
Fragments de Lully ,   *in-quarto* , imprimé.

Tous les Opera ci-dessus sont de Lully , dits anciens Opera, au nombre de 21 , y compris les Fragments , & ne font que 18 volumes , parce qu'il y en a quelques-uns reliés ensemble en doubles , comme on les voit marqués dans leur rang.

* Achille & Polixéne. L'ouverture & le premier Acte de cet
   Opera sont de Lully ,   *in-folio* , imprimé.
Zephire & Flore ,   *in-folio* , imprimé.
Thetis & Pelée ,   *in-folio* , imprimé.
Orphée ,   *in-folio* , imprimé.
Enée & Lavinie ,   *in-folio* , imprimé.
Coronis, il n'a pas été imprimé ,   *in-folio* , manuscrit.
Astrée n'a pas été imprimé ,   *in-folio* , manuscrit.
Alcide n'a pas été imprimé ,   *in-folio* , manuscrit.
Médée ,   *in-folio* , imprimé.
Céphale & Procris ,   *in folio* , imprimé.
Circé ,   *in-folio* , imprimé.
Jason n'a pas été imprimé ,   *in-folio* , manuscrit.
Méduse n'a pas été imprimé ,   *in-folio* , manuscrit.
Picus & Canente n'a pas été imprimé , *in-folio* , manuscrit.
Alcine ,   *in-folio* , gravé.
La Vénitienne n'a pas été imprimée ,   *in-folio* , manuscrit.
Cassandre ,   *in-folio* , imprimé.
Polixéne ,   *in-folio* , imprimé.
Les Fêtes de l'Eté ,   *in-folio* , imprimé.
Jephté ,   *in-folio* , gravé.
Hyppolite & Aricie ,   *in-folio* , gravé.
Les voyages de l'Amour ,   *in-folio* , gravé.
Panthée. Opera composé par Monseigneur le Duc
   d'Orléans Régent , rare. Il n'a jamais été im-
   primé ,   *in-folio* , manuscrit.
Ballet de Villeneuve S. George,
Divertissement de Livry. } en un vol. *in. fol.* manuscrit.
Ils n'ont pas été imprimés.

* Tout le reste de cette Armoire contient tous les Opera, dits Modernes.

Divertiſſement d'Anette n'a pas été impri-
   mé ,   *in-folio* , manuſcrit.
Les Bergers de Marly. Paſtorale n'a pas été
   imprimée,   *in-folio* , manuſcrit.

Fin des Opera in-folio *de cette Armoire.*

Tous les Opera ſuivans de cette Armoire ſont in-quarto.

Alcione ,	grand *in-quarto* , gravé.
Sémélé ,	grand *in-quarto* , gravé.
Pirame & Thiſbé ,	grand *in-quarto* , gravé.
Les Indes galantes ,	grand *in-quarto* , gravé.
Scanderberg ,	grand *in-quarto* , gravé.
Didon ,	*in-quarto* , imprimé.
Théagéne & Cariclée ,	*in-quarto* , imprimé.
Les Amours de Momus ,	*in-quarto* , imprimé.
Ballet des Saiſons ,	*in-quarto* , imprimé.
Ariane ,	*in-quarto* , imprimé.
La Naiſſance de Venus ,	*in-quarto* , imprimé.
Venus & Adonis ,	*in-quarto* , imprimé.
Aricie ,	*in-quarto* , imprimé.
L'Europe galante ,	*in-quarto* , imprimé.
Iſſé ,	*in-quarto* , imprimé.
Les Fêtes galantes ,	*in-quarto* , imprimé.
Le Carnaval de Veniſe ,	*in-quarto* , imprimé.
Amadis de Grece ,	*in-quarto* , imprimé.
Martheſie ,	*in-quarto* , imprimé.
Le Triomphe des Arts ,	*in-quarto* , imprimé.
Héſione ,	*in-quarto* , imprimé.
Aréthuſe ,	*in-quarto* , imprimé.
Scylla ,	*in-quarto* , gravé.
Omphale ,	*in-quarto* , imprimé.
Medus & la Serenade Vé- nitiennes , ajoûtée aux } en un vol. *in-quarto* , imprimé. Fragmens ,	
Tancrede ,	*in-quarto* , imprimé.
Ulyſſe ,	*in-quarto* , imprimé.
Les Muſes ,	*in-quarto* , imprimé.
Le Carnaval & la Folie ,	*in-quarto* , gravé.
Iphigenie en Tauride ,	*in-quarto* , gravé.
Philomele ,	*in-quarto* , imprimé.

A ij

Bradamante,	*in-quarto*, imprimé.
Hyppodamie,	*in-quarto*, imprimé.
Méleagre,	*in-quarto*, imprimé.
Diomede,	*in-quarto*, imprimé.
Creufe,	*in-quarto*, imprimé.
Les Amours de Venus,	*in-quarto*, manufcrit.

L'Etiquette de cet Opera marque mal - à - propos
Recueil d'Opera ; il n'a point été imprimé.

	in-quarto, manufcrit.
Callirohé,	*in-quarto*, imprimé.
Médée & Jafon,	*in-quarto*, imprimé.
Télephe,	*in-quarto*, imprimé.
Arion,	*in-quarto*, imprimé.
Les Fêtes de Thalie,	*in-quarto*, imprimé.
Telemaque & Calypfo,	*in-quarto*, imprimé.
Les plaifirs de la Paix,	*in-quarto*, gravé.
Théonoé,	*in-quarto*, imprimé.
Aiax,	*in-quarto*, imprimé.
Hypermeneftre,	*in-quarto*, imprimé.
Ariane & Bacchus,	*in-quarto*, imprimé.
Camille,	*in-quarto*, imprimé.
Le Jugement de Paris,	*in-quarto*, imprimé.
Les Ages n'ont pas été imprimés,	*in-quarto*, manufcrit
Semiramis,	*in-quarto*, imprimé.
Les plaifirs de la Campagne, imprimés feulement par Extraits, Les Amours de Protée. Celui ci imprimé en entier.	en un vol. *in-quarto*, imprimé.
Polidore n'a pas été imprimé,	*in-quarto*, manufcrit.
Regnaud ou la fuite d'Armide, La Provençale. Entrée ajoûtée aux Fêtes de Thalie.	en un vol. *in-quarto*, imprimé.
Les Fêtes Grecques & Romaines,	*in-quarto*, imprimé.
Les quatres Elémens,	*in-quarto*, imprimé.
Telegone,	*in-quarto*, imprimé.
La Princeffe d'Elide,	*in-quarto*, imprimé.
Tarfis & Zelie,	*in-quarto*, imprimé.
Orion,	*in-quarto*, imprimé.

Pirothous , La Fête de Dia- ⎱
ne , ajoûtée aux Fêtes ⎰ en un vol. *in-quarto* , gravé & imprimé.
Grecques & Romaines.

Les Amours des Déesses ,   *in-quarto* , imprimé,
Pirrhus ,   *in-quarto* , imprimé.
Endymion ,   *in-quarto* , imprimé.
Le Triomphe des Sens ,   *in-quarto* , imprimé.
Biblis ,   *in-quarto* , imprimé.
L'Empire de l'Amour ,   *in-quarto* , imprimé.
Achille & Déidamie ,   *in-quarto* , imprimé.
Les Graces ,   *in-quarto* , gravé.
La Reine de Peris ,   *in-quarto* , gravé.
Les Stratagêmes de l'Amour ,   *in-quarto* , imprimé.
Les Amours des Dieux ,   *in-quarto* , gravé.
Les Amours déguisés ,   *in-quarto* , imprimé.
Manto ,   *in-quarto* , imprimé.
Idomenée ,   *in-quarto* , imprimé.
Les Fêtes Vénitiennes ,   *in-quarto* , imprimé.

Fin de l'Armoire du milieu.

Il y a dans cette Armoire 126 Opera , tous différens , en 121 volumes , parce qu'on en a mis plusieurs ensemble dans quelques volumes , comme on les voit marqués dans leur rang.

Les In-folio font au nombre de 44. Il y a cinq grands In-quarto , & 72 autres In-quarto.

ARMOIRE PROCHE LA PORTE
EN ENTRANT.

IL y a plusieurs Opera dans cette Armoire qui font des doubles d'une grande partie de ceux qui font dans l'Armoire précédente. Ils font tous In-folio, à la reserve de deux qui feront désignés dans leur rang. Ils font aussi tous reliés en Maroquin rouge & dorés fur tranche, excepté un seul qui est en veau, & qui fera marqué ici dans son rang.

Il faut remarquer que tous les In-folio de cette Armoire, où il est écrit en Partition, font des Opera qui n'ont été

A iij

imprimé qu'en In-quarto, dans lesquels il n'y a au plus que le Trio ; au lieu que dans ceux-ci toutes les parties y sont comme dans les anciens In-folio de Lully, ce qui les rend bien plus considérables ; parce que personnes ne les a complets & entiers, comme ils sont dans ces manuscrits.

Alceste,	*in-folio*, gravé.
Théfée,	*in-folio*, imprimé.
Atys,	*in-folio*, imprimé.
Ifis,	*in-folio*, imprimé.
Bellerophon,	*in-folio*, imprimé.
Proferpine,	*in-folio*, imprimé.
Triomphe de l'Amour,	*in-folio*, imprimé.
Perfée,	*in-folio*, imprimé.
Phaëton,	*in-folio*, imprimé.
Amadis,	*in-folio*, imprimé.
Roland,	*in-folio*, imprimé.
Temple de la Paix, L'Idylle de Seaux, La Grotte de Verfailles,	en un vol. *in-folio*, imprimé.
Armide,	*in-folio*, imprimé.
Acis & Galatée,	*in-folio*, imprimé.
Pfyché,	*in-folio*, manuscrit
La Mafcarade, Les Fêtes de l'Amour & Bacchus,	en un volume *in-folio*, manuscrit
Cadmus,	*in-folio*, manuscrit
Les Fragmens de Lully en Partition,	*in-folio*, manuscrit

Tous les Opera ci-deſſus font de Lully, en même nombre & même quantité de Volumes marqués à la premiere page ci-deſſus, parce que ceci eſt un double deſdits Opera qui font à ladite page.

Recueil de Ballets.

Ce Recueil eſt en neuf Tomes. Le neuviéme eſt marqué par erreur 7. à l'Etiquette. Ces Livres contiennent tous les anciens Ballets de Lully. Cet Ouvrage eſt rare, & n'a jamais été imprimé. Il eſt relié en Maroquin rouge, & doré fur tranche. Ces Ballets font au nombre de 25. Plus, il y a les Trio du même Auteur, dits Trio de la Chambre ; les Intermedes de

Comedies qu'il a fait pour les divertiſſemens du Roy, & plu-
ſieurs autres morceaux particuliers de Muſique qui ſe jouoient
& chantoient dans les appartemens pour les divertiſſemens
de la Cour , le tout de Lully.

Noms des Ballets de ce Recueil.

Ballet du Tems. Ballet de l'Amour malade. Ballet d'Al-
cidiane. Ballet de la Raillerie. Ballet de Xercés. Ballet de
l'Impatience. Ballet des Saiſons. Ballet d'Hercule amoureux.
La Nôce de Village , ou Maſcarade de Vincennes. Ballet des
Arts. Les Amours déguiſés. Le mariage forcé. La Princeſſe
d'Elide. La Naiſſance de Venus. Ballet des Gardes. L'Amour
Médecin. Ballet de Crequy. La Fête de Verſailles. Ballet des
Muſes. La Maſcarade de Verſailles. Ballet de Flore. Pour-
ceaugnac. Ballet de Chambord , ou le Bourgeois Gentilhom-
me. Les Jeux Pythiens. Le grand Ballet d'Hercule , & le reſte
comme ci-deſſus expliqué ,   *in-folio* , manuſcrit.

Amadis de Grece en partition ,	*in-folio* , manuſcrit.
Marthcſie en partition ,	*in-folio* , manuſcrit.
Triomphe des Arts en partition ,	*in-folio* , manuſcrit.
Arethuſe en partition ,	*in-folio* , manuſcrit.
Omphale en partition ,	*in-folio* , manuſcrit.
Medus en partition ,	*in-folio* , manuſcrit.
Tancrede en partition ,	*in-folio* , manuſcrit.
Ulyſe en partition ,	*in-folio* , manuſcrit.
Ballet des Muſes en partition ,	*in-folio* , manuſcrit.
Iphigénie en Tauride en partition ,	*in-folio* , manuſcrit.
Carnaval de Veniſe en partition ,	*in-folio* , manuſcrit.
Fêtes galantes en partition ,	*in-folio* , manuſcrit.
Iſſé en partition ,	*in-folio* , manuſcrit.
Aricie en partition ,	*in-folio* , manuſcrit.
L'Europe galante en partition ,	*in-folio* , manuſcrit.
Venus & Adonis en partition ,	*in-folio* , manuſcrit.
Alceſte ,	*in-folio* , gravé.
Perſée ,	*in-folio* , imprimé.
Théſée relié en veau ,	*in-folio* , imprimé.
Medée ,	*in-folio* , imprimé.
Achille & Polixéne. L'ouverture & le premier Acte ſont de Lully ,	*in-folio* , imprimé.
Naiſſance de Venus en partition ,	*in-folio* , manuſcrit.

Les Amours de Momus en partition,	*in-folio*,	manufcrit.
Ballet des Saifons en partition,	*in-folio*,	manufcrit.
Théagene & Cariclée en partition,	*in-folio*,	manufcrit.
Didon en partition,	*in-folio*,	manufcrit.
Ariane & Bacchus en partition,	*in-folio*,	manufcrit.
Pirithous,	*in-quarto*,	gravé.
Iffé,	*in-quarto*,	imprimé.

Fin des Opera.

Autres Livres qui fuivent les Opera dans la même Armoire & même Planche tout en bas.

Tous les Livres qui fuivent jufqu'à la fin de ce Catalogue, font reliés en Veau, excepté quelques-uns qui font en Maroquin rouge, qui feront marqués dans leur rang.

Cantates de Bernier. Elles font en quatre Tomes, qui contiennent tous fes Livres, au nombre de fept, en maroquin rouge,	*in-folio*,	gravé.
Les Nymphes de Diane y font auffi.		
Cantates de Clerambault. Elles font en deux Tomes, qui contiennent tous fes Livres, au nombre de quatre, avec fa Cantate du Soleil vainqueur des Nuages,	*in-folio*,	gravé.
Cantates de Bourgeois, en un Tome, qui contient fes deux Livres,	*in folio*,	gravé.
Les Airs de Lambert,	*in-folio*,	imprimé.
Cantates de Campra, en un Tome, qui contient fes deux Livres,	*in-quarto*,	imprimé.
Cantates de Morin, en un Tome, qui contient fes deux Livres,	*in-quarto*,	imprimé.
Recueil d'Airs à boire. Ce Recueil contient vingt-deux Livres d'Airs férieux & à boire, tous reliés enfemble en un Volume, fçavoir, les fix Livres de Broffart, les deux de Piroye, les neuf de Du Buiffon, un de De Bouffet, & les quatre de Regnault.	*in-quarto*,	imprimé.

Recueil d'Airs. Ce Recueil contient neuf
Livres d'Airs férieux & à boire, &
une Eglogue Bachique ; le tout relié
enfemble en un Volume ; fçavoir , un
Livre d'Airs férieux & à boire , de
différens Auteurs ; fept Livres de De
Bouffet , de ceux qu'il donnoit tous
les trois mois ; une Eglogue Bachique
du même Auteur , & le Livre de la
Barre gravé , ce qui fait en tout dix
Livres , y comprife l'Eglogue Bachi-
que ,   *in-quarto* , imprimé
                                        & gravé.

Airs de De Bouffet. C'eft un Recueil
d'Airs qui contient dix-neuf Livres
d'Airs férieux & à boire, & une Eglogue, tous de De Bouffet ; fçavoir , fon
premier Livre , fon Eglogue , & dix-
huit Livres , qui font ceux qu'il donnoit tous les trois mois , ce qui fait
vingt Livres , y comprife l'Eglogue ,
le tout relié enfemble , en un Volu-
me ,   *in-quarto* , imprimé.

Recueil de De Bouffet , en deux Tomes ,
qui contiennent tous les Livres qu'il
donnoit tous les ans jufqu'à fa mort, au
nombre de vingt-deux. C'eft un Re-
cueil complet ,   Grand *in-quarto* , gravé.

Recueil d'Airs férieux. Ce Recueil eft en
deux Tomes. Il eft de Charpentier , &
relié en Maroquin rouge. Ce font de
très-bons Airs & fort curieux , Grand *in-quarto*, manufcrit.

Livre d'Airs. Il eft de Gillier , Grand *in-quarto* , gravé.

Les Airs de d'Ambruis ,   Grand *in-quarto* , gravé.

Les Brunettes. Ce font les Brunettes an-
ciennes & modernes appropriées à la
Flute traverfiere , par Monteclair ,   *in-quarto* , gravé.

Airs de le Camus ,   *in-folio* , imprimé.

Airs gravés. C'eft un Livre d'Airs de
Bauffen ,   *in-quarto* , gravé.

Cantates de Baptiftin. Ce font fes deux
Livres de Cantates , reliés en un Vo-

lume ,   Grand *in-quarto* , gravé &
                                          imprimé.

Trio des Opera de Lully. Ils font en
   partie féparés pour la facilité du Concert. Ils font en fix petits Livres fort
   propres ,   *in-quarto* , imprimé.
Philomele. C'eft un Opera de Charpen-
   tier qui n'a pas paru en public. Il eft
   relié en Maroquin rouge ,   *in-folio* , manufcrit.
— *Idem* , relié en veau ,   *in-folio* , manufcrit.
David & Jonathas. C'eft un Opera fpiri-
   tuel de Charpentier , qui n'a pas paru
   en Public ,   *in-folio* , manufcrit.
Artaxerfe. C'eft un Opera Italien de
   Charpentier ,   *in-folio* , manufcrit.
La Dori e Oronte. C'eft encore   un
   Opera Italien de Charpentier ,   *in-folio* , manufcrit.

Fin de la Planche d'en bas.

Airs de différens Auteurs. Ils font en dix
   Tomes. Ce font les Airs qu'on donnoit anciennement tous les ans au Pu-
   blic en in-douze ,   *in-douze* , imprimé.
Chanfonnettes de différens Auteurs. Elles
   font en deux Tomes, reliés en veau ,
   dorés fur tranche. Ces Livres font la
   fuite des précédens , & fe donnoient
   tous les ans au Public de la même maniere. Tous ces Livres contiennent
   une grande quantité d'années de fuite ,
   jufqu'à ce que ces fortes d'Ouvrages
   ont été imprimés in-quarto, & qu'on a
   diftribué au Public par mois , comme
   on verra dans l'article fuivant ,   *in-douze* , imprimé.
Recueil d'Airs férieux & à boire de dif-
   férens Auteurs , diftribué par mois au
   Public. Ces Livres ont fuccedé aux
   précédens qui étoient en in-douze, au
   lieu que ceux-ci font en in-quarto. Ils
   font tous reliés par années confécuti-
   ves , au nombre de trente ,   *in-quarto* , imprimé.

Mélanges de Musique Latine, Françoise
& Italienne. Ces Livres sont la suite
des Livres des mois de l'article précédent, tous par années consécutives, &
se distribuoient au Public de trois mois
en trois mois pendant sept années, & le
commencement d'une huitiéme, après
lesquelles on n'en a plus imprimé. Il y
en a huit Tomes reliés par années de
suite,   *in-quarto*, imprimé.

Les Livres ci-dessus, tous de la Planche
du milieu, sont au nombre de cinquante ;
sçavoir, douze Tomes des in-douze &
trente-huit des in-quarto, ce qui fait un
Recueil complet, dans lequel on trouvera
tous les bons Airs sérieux & à boire qui
ont été faits, tant anciens que modernes.

Brunettes, deux Tomes,   *in-douze*, imprimé.
Parodies Bachiques, un Tome, *in-douze*, imprimé.

Fin de l'Armoire proche la Porte en entrant.

ARMOIRE PROCHE LA PORTE
DU JARDIN.

*Tous les Livres de cette Armoire sont reliés en Veau,
excepté quelques-uns qui sont en Maroquin rouge,
qui seront marqués dans leur rang.*

Symphonies de Lully. Elles sont en trois
Tomes, qui contiennent tous les Airs
de Violons, & ceux qui sont en Trio
de tous les Opera & anciens Ballets de
Lully. Ils sont nottés de maniere qu'on
ne tourne jamais le feuillet pour achever un Air, à moins que ce ne soit
quelque grande Chaconne ou Passacail-
le. Ces Livres sont très-corrects, &

les baſſes très-bien & très-exactement chiffrées ,   Grand *in-folio* , manuſcrit

Symphonies des Opera. Elles ſont en ſix Tomes, qui contiennent tous les Airs de Violons, & ceux qui ſont en Trio, des Opera de différens Auteurs , dits modernes, depuis Achille & Polixene, & tous les autres de ſuite , juſqu'à l'Opera des Graces incluſivement, au nombre de cent deux Opera, très-corrects & nottés , de maniere qu'on ne tourne jamais le feuillet pour achever un Air , à moins que ce ne ſoit quelque grande Chaconne ou Paſſacaille. Les Baſſes ſont très-bien & très-exactement chiffrées ,   Grand *en-folio* , manuſcrit.

Symphonies des Opera en ſix Tomes,&c. c'eſt un double de l'article précédent , conditionné de même ,   Grand *in-folio* , manuſcrit.

Symphonies de Lully par Tons. Elles ſont en un Tome, qui contient les plus beaux Airs de Lully , choiſis & diſtribués par Tons , enſorte que les Airs qui ſont d'un même Ton, ſont nottés tous de ſuites , ce qui eſt très-commode pour le Concert. Ce Livre eſt très-correct , & les Baſſes très-bien & très-exactement chiffrées ,   Grand *in-folio* , manuſcrit.

Symphonies de différens Auteurs. Elles ſont en deux Tomes , qui contiennent les plus beaux Airs des Opera , dit modernes, choiſis & diſtribués par Tons , en ſorte que tous les Airs d'un même Ton ſont nottés de ſuite. On a marqué à l'Etiquette du premier Tome la lettre C , pour marquer que les Airs de ce Tome commencent par ceux qui ſont en C ſol ut, & continuent de ſuite de Tons en Tons, juſqu'à celui d'F ut fa incluſivement. Le ſecond Tome eſt marqué à l'Etiquette par la lettre G , pour marquer que les Airs de ce Tome

commencent par ceux qui font en G re
fol , & continuent de fuite de Tons en
Tons jufqu'à la fin de l'Octave. Ces
Livres très - corrects , & les Baffes
très bien & très - exactement chif-
frées ,   Grand *in-folio* , manufcrit.
Symphonies de Charpentier. C'eft un
Volume qui contient fes Airs de Violons, tant de fon Opera de Médée. que
de fes Opera particuliers , qui n'ont
point été donnés au Public. Ce font
tous bons Airs ,   *in-folio* , manufcrit.
Sonates de la Ferté ,   *in-folio* , gravé.
Sonates de Corelli , cinquiéme Oeuvre ,
relié en Maroquin rouge ,   Grand *in-quarto* , gravé.
Idem , en veau. Manufcrit bien écrit &
bien correct ,   Grand *in-quarto*, manufcrit.
Trio de Corelli , premier Oeuvre en par-
ties féparées ,   petit *in-folio* , imprimé.
Motets de Charpentier. Il y a auffi de fa
Mufique Françoife mêlée dans ce Li-
vre ,   *in-quarto*, manufcrit.
Motets. Ces Motets font en deux To-
mes , ils font de Baffani ,   *in-quarto*, manufcrit.
Motets de Broffart ,   *in-folio* , imprimé.
Motets de Campra , fon premier Livre , *in-folio* , imprimé.
Motets de Bernier , fon premier Livre , *in-folio* , gravé.
Motets de Lully. Ils font en deux Tomes
relié en veau, doré fur tranche , Grand *in-folio* , manufcrit.
Olimpia vendicata. Opera reprefentata
in Napoli. C'eft un Opera Italien , qui
a été repréfenté à Naples. Il eft relié
en carton , couvert de parchemin , *in-quarto*, en manuf.
                                         par un Italien.

Airs de Charpentier ,   Grand *in-quarto*, manufcrit,
Cantates. Elles font en deux Tomes ,
de différens célébres Auteurs d'Ita-
lie ,   Grand *in-quarto*, manufcrit.
Baffani , Opera. C'eft un Livre de Can-
tates Italiennes de Baffani , Grand *in-quarto*, manufcrit.
Airs Italiens, en deux Tomes .   *in-quarto*, manufcrit.
Recueil d'Airs à boire ,   *in-quarto*, manufcrit.

Airs à boire,   *in-quarto*, manuscrit.
Triomphe de Bacchus. C'est une Sérénade
    de Charpentier,   Grand *in-quarto*, manuscrit.
Idem ,   *in-quarto*, manuscrit.
Recueil d'Airs Italiens, en deux Tomes , *in-quarto* , manuscrit.
Airs Italiens. Dans ce Livre il y a aussi
    des Airs François,   *in quarto*, manuscrit.
Airs Italiens. Ces Airs font des plus cé-
    lébres Auteurs Italiens ,   Grand *in-quarto*, manuscrit.
Airs Italiens. C'est un Tome qui contient
    trois Livres reliés ensemble ; sçavoir ,
    un , intitulé Airs Italiens , par les plus
    célébres Auteurs Italiens , en partition
    avec les Ritournelles & Symphonies de
    Violons , tels qu'ils se chantoient dans
    tous les divertissemens de la Cour ; les
    Ritournelles & Symphonies ont été
    ajoûtées par la Lande , Lully & autres
    Auteurs fameux. Plus , un Livre d'Airs
    Italiens de Lorenzani , & un de Théo-
    baldo ,   *in-quarto* , imprimé.
Airs Italiens ,   *in-quarto*, manuscrit.
Piéces Italiennes ,   *in-quarto*, manuscrit.
Airs Italiens ,   *in-octavo*, manuscrit.
                                                 long.

Recueil d'Airs. Ce font des Airs Ita-
    liens ,   *in-quarto*, manuscrit.
Amours d'Apollon. Ce Livre contient les
    Amours tragiques d'Apollon , & le Sot
    suffisant , Comédie mêlée de Musique.
    Il est de Charpentier ,   *in-quarto*, manuscrit.
Flore. C'est un divertissement de Char-
    pentier ,   *in-quarto*, manuscrit.
Airs choisis , sérieux & à boire ,   *in-quarto*, manuscrit.
Airs Italiens & François. Ils font de
    Charpentier ,   *in-quarto*, manuscrit.
Airs de Charpentier ,   *in-quarto*, manuscrit.
Le Sot suffisant , Comédie mêlée de
    Musique , de Charpentier ,   *in-quarto*, manuscrit.
Recueil d'Airs. C'est un petit Livre
    d'Airs choisis à boire, relié en veau,
    doré sur tranche ,   *in-octavo* , manuscrit.

Airs Italiens, en parchemin, deux Tomes,   *in-octavo*, manuscrit.

Airs de Charpentier, en veau,   *in-octavo*, manuscrit. long.

OPERA DE LULLY.

Ce sont de petits in-quarto manuscrits, au nombre de treize Opera de Lully, sçavoir,

Alceste, double,   Amadis,   Thésée.
Persée,   Cadmus,   Proserpine.
La Mascarade,   Triomphe de   Roland.
Acis & Galatée,   l'Amour,
Psyché,   Temple de la   Ils sont relié
Les Fêtes de l'Amour,   Paix,   en veau, doré
    & Bachus,   Bellerophon,   sur tranche.

Parodie de la Cantate d'Orphée en Vaudevilles, par Grandval, brochure,   *in-folio*, gravé.

Menuets, mis en ordre par Monteclair, brochure,   *in-folio*, gravé.

Motets de Lorenzani, à 1, 2, 3, 4, & 5 parties, en neuf Livres, parties séparées, brochure en papier marbré,   petit *in-folio*, imprimé.

Motets de H. Dumont, à 1, 2, 3, 4, & 5 parties, en quatorze Livres, parties séparées, brochure en papier bleu,   petit *in-folio*, imprimé.

Fin de l'Armoire proche la Porte du Jardin.

On affichera pour indiquer le jour de la Vente de ces Livres.

Il faut s'adresser pour ce Catalogue à M. Gervais, rue Notre-Dame des Victoires, chez M. le Président Seguin.